AF202630

Les Lectures ELI présentent un
gamme complète de publications
allant des histoires contemporaines
et captivantes aux émotions
éternelles des grands classiques. Elles
s'adressent aux lecteurs de tout âge
et sont divisées en trois collections :
Lectures ELI Poussins, Lectures ELI
Juniors, Lectures ELI Seniors. En
dehors de la qualité éditoriale, les
Lectures ELI fournissent un support
didactique facile à gérer et capturent
l'attention des lecteurs avec des
illustrations ayant un fort impact
artistique et visuel.

Domitille Hatuel

Le piano de Margot

Illustrations d'Ilaria Campana

PIERRE
BORDAS
ET FILS

Domitille Hatuel
Le piano de Margot
Illustrations d'Ilaria Campana

Lectures ELI
Création de la collection et coordination éditoriale
Paola Accattoli, Grazia Ancillani, Daniele Garbuglia (Directeur artistique)

Conception graphique
Airone Comunicazione – Sergio Elisei

Mise en page
Airone Comunicazione

Responsable de production
Francesco Capitano

Crédits photographiques
Shutterstock

Fonte utilisée 13 / 18 points Monotype Dante

Achevé d'imprimer en Italie par Tecnostampa – Pigini Group Printing Division – Loreto, Trevi
ERT 263.01
ISBN 978-88-536-2405-5

Première édition Février 2018

www.eligradedreaders.com

Sommaire

Les parties de l'histoire enregistrées sur le CD sont signalées par les symboles qui suivent :

Début ▶ **Fin** ◼

Les personnages principaux

Greg

Thomas

Walid

Lucien

Clara

Victoire

6

Les parents
de Margot

Monsieur
Baquet

Margot

7

Compréhension

1 **Lis le texte et trouve la photo correspondant à la description.**

L'histoire se passe à Paris au cœur de la capitale de la France. La ville se compose de 20 arrondissements qui se déroulent en forme d'escargot autour d'un centre, le fleuve la Seine. La Seine divise la ville en deux : la rive droite et la rive gauche. Margot habite près de la place de Clichy dans le nord-ouest de la ville. Sur cette place se rejoignent 4 arrondissements : le 8e, le 9e, le 17e et le 18e. Au centre de la place, une statue du maréchal Moncey célèbre la défense face à l'invasion russe en 1814. D'ici, on rejoint rapidement le quartier de Montmartre avec basilique du Sacré-Cœur et le quartier de Pigalle avec le Moulin Rouge.

☐ **1** Ile de la Cité   ☐ **2** Place Clichy   ☐ **3** Tour Eiffel

2 **Lis le texte et coche V (Vrai) ou F (Faux).**

Les conservatoires municipaux de la ville de Paris sont des établissements publics d'enseignements artistiques où les jeunes de 5 à 25 ans peuvent se spécialiser en danse, en musique ou en théâtre. Il existe 17 conservatoires municipaux à Paris. Ces lieux développent la sensibilité des élèves ainsi que la création et l'interprétation. Il s'agit d'un enseignement de qualité très exigent. En effet, à chaque fin d'année scolaire, les élèves ont des examens afin de pouvoir passer dans le niveau supérieur.

		V	F
1	Les conservatoires municipaux de la ville de Paris sont des établissements publics.	☐	☐
2	Tout le monde peut s'inscrire dans un conservatoire.	☐	☐
3	Il y a seulement 7 conservatoires à Paris.	☐	☐
4	On peut apprendre la musique, la danse et le théâtre.	☐	☐
5	Pour passer dans le niveau supérieur, il faut passer un examen.	☐	☐

Vocabulaire

3 **Qui est-ce ? Observe les illustrations des pages 6 et 7 et écris le nom du personnage correspondant à la description.**

C'est un jeune homme. Il est petit est gros. Il a les cheveux bruns et les yeux marron.
C'est Walid.

1 C'est une jeune fille. Elle est grande et mince. Elle a les cheveux roux et elle porte des lunettes.

....

2 C'est un homme, grand et mince. Il a les cheveux gris et il porte des lunettes. ....

3 C'est un jeune homme. Il a les cheveux longs et roux. Il est grand et mince. ....

4 C'est une jeune fille. Elle est brune aux yeux marron. Elle est grande et mince. ....

5 C'est une femme. Elle a les cheveux mi long et bruns. Elle n'est pas très grande. ....

6 C'est un jeune homme. Il est grand et maigre. Il a les cheveux blonds et frisés. ....

Chapitre 1

Une journée difficile

▶ 2 – Non, Margot, ça ne va pas aujourd'hui. Tu n'es pas en rythme. Recommence !

Margot reprend la valse de Chopin. La musique sort du piano, mais ce n'est pas bien.

– Non ! Le rythme Margot ! Le rythme ! Tu sais, le concert est dans quelques semaines. Si tu n'es pas prête, tu ne participeras pas et …

– Oui, je sais, répond Margot.

Margot est épuisée* en ce moment : il y a les examens blancs* du bac français à réviser*, des contrôles dans toutes les matières et maintenant ce concert ! Margot se sent incapable de réussir tout cela.

– Monsieur, j'ai trop de devoirs* au lycée et…

Le professeur de piano, Monsieur Baquet, interrompt son élève :

– Margot, tu as des devoirs comme tous mes autres élèves, mais tu es une bonne étudiante et

être épuisé être fatigué
l'examen blanc épreuve pour s'entraîner avant de passer un examen

réviser étudier de nouveau une matière
les devoirs exercices à faire pour le lycée

une pianiste qui a du talent. Tu es capable de jouer trois morceaux* pour le concert de la Fête de la Musique ! Nous sommes le 21 mai, le concert a lieu le 21 juin. Ça te laisse un mois !

— Mais j'ai aussi le bac français…

Le prof interrompt l'excuse que cherche Margot :

— Je sais, mais tu n'as pas le choix. Maintenant, tu rentres chez toi et tu te remets* au travail sérieusement. On se voit la semaine prochaine ! Au revoir Margot.

— Au revoir Monsieur.

Margot aimerait se justifier, mais son prof a déjà fait rentrer le prochain élève dans la salle. C'est comme cela au conservatoire : c'est difficile, les profs sont très bons mais aussi très sévères et il n'y a pas de place pour les élèves non motivés.

Margot sort dans la rue du Faubourg Saint Honoré. Le ciel de Paris est bleu pâle. Cette journée de printemps se termine, mais Margot doit encore réviser une interrogation de maths.

un morceau œuvre musicale   se remettre reprendre

Les maths ! Elle aime bien cette matière, mais c'est tellement difficile !

Travailler le piano prend trop de temps. À cause de ça, elle ne peut pas sortir tous les samedis soirs avec ses copains. Elle n'a pas le droit non plus de perdre du temps le mercredi après-midi, en ville.

Plus elle pense à la musique et plus Margot se dit qu'elle va arrêter*. En même temps, elle sait que Monsieur Baquet a raison : elle n'a pas beaucoup travaillé ces derniers temps. Elle n'a pas fait ses exercices et ses gammes tous les jours… et elle a trois morceaux assez difficiles à apprendre ! « Oui, vraiment il a raison… » pense Margot. Après avoir pris la ligne 2 du métro place des Ternes, la jeune fille arrive enfin chez elle, rue des Dames dans le quartier de la Place de Clichy.

À la maison, son téléphone portable sonne. C'est son amie Clara.

– Salut Margot, ça va ?

– Bof…

arrêter interrompre

– T'as pas le moral ?

– Oh non… je rentre à peine chez moi. J'étais au conservatoire et j'ai mal travaillé. Monsieur Baquet m'a fait plein de remarques horribles… et demain, il y a l'interro de maths.

– Est-ce que tu as révisé pour le contrôle d'histoire aussi ?

– Quoi ? Non ! Pas possible ! J'ai oublié★ ! C'est horrible tout ce qu'il faut faire.

– Oh, ça va aller.

– Parle pour toi. Tu es la meilleure en maths !

– Oui… c'est vrai…

Derrière Clara, un bébé crie.

– Tu gardes★ ton petit frère ?

– Oui, tu entends ? Félix pleure★ tout le temps. Et ma mère rentre dans une heure. Attends Margot, Félix s'est fait mal. Oh là là…

Margot n'entend que les cris du petit frère. Ça fait mal à la tête. Comment fait sa copine pour supporter un bébé à la maison ? Margot est bien contente d'être fille unique. Au moins, elle a une chambre pour elle toute seule, personne ne

oublier ne pas se souvenir
garder surveiller quelqu'un

pleurer avoir des larmes qui sortent des yeux

l'embête★… enfin parfois ça n'est pas facile non plus d'être seule à la maison : ses parents sont toujours derrière elle pour contrôler ce qu'elle fait…

En réalité, elle aimerait avoir un grand frère, mais c'est trop tard et impossible. Margot compte sur ses copains, enfin surtout sur sa grande amie depuis l'école primaire, Clara. Mais maintenant, Clara a ce petit frère de 15 mois et c'est fatigant un bébé à la maison. Clara est moins disponible qu'avant pour sa copine. Elle n'a pas le temps de l'écouter se plaindre★ de son prof de piano ou de l'aider à faire ses devoirs de maths.

– C'est bon ! J'ai mis Félix dans son lit. Ouf ! Tu te rends compte, il marche à peine et il fait déjà plein de bêtises★. Margot, quels vêtements tu mets samedi pour la fête de Victoire ?

– Quoi ? La fête de Victoire ?

– Margot, ça fait des semaines que Victoire parle de cette fête.

Margot ne répond pas : elle a complètement oublié de demander l'autorisation à ses parents !

embêter causer des ennuis
se plaindre exprimer ses soucis

la bêtise action stupide

Chapitre 1

– Margot ! Je te parle ! Tu ne peux pas rater* cette soirée ? C'est la soirée de l'année !

– Je sais, mais je dois parler avec mes parents et avec les révisions et le piano, ils ne seront jamais d'accord.

– Pourquoi tu dis ça ? Demande !

– D'accord, je vais demander.

– En plus, Victoire a annoncé qu'il y aura un concert surprise.

– Un concert surprise ?

– Oui oui, un groupe du lycée vient jouer. Ça va être génial !

– Sûrement… ◼

---

rater ne pas réussir

Compréhension

1 Vrai ou faux ? Coche les bonnes réponses.

		V	F
	Margot joue du piano.	☑	☐
1	Margot joue très bien aujourd'hui.	☐	☐
2	Margot doit jouer deux morceaux.	☐	☐
3	Son professeur n'est pas content.	☐	☐
4	Le concert a lieu le 21 mai.	☐	☐
5	Le cours a lieu au conservatoire de Paris.	☐	☐
6	Margot a une interrogation de maths à réviser.	☐	☐
7	Tous les samedis soir Margot voit ses copains.	☐	☐
8	Margot rentre chez elle en métro.	☐	☐
9	Clara est la grande amie de Margot.	☐	☐
10	Samedi soir il y a une grande fête chez Clara.	☐	☐

Vocabulaire

2 Réponds aux questions.

Qui est Félix ?
C'est _le petit frère de Clara_
1 Margot n'a pas de frère et soeur. Elle est ....
2 C'est son père et sa mère. Ce sont ses ....
3 C'est la fille de sa tante. C'est sa ....
4 C'est le père de son père. C'est son ....
5 C'est le mari de sa tante. C'est son ....
6 C'est la femme de son père. C'est sa ....

Grammaire

3 Complète les phrases en accordant les adjectifs.

Margot est une fille (sérieux) ....._sérieuse_..... .

1 Clara est sa (meilleur) .... amie.

2 Elle n'est pas (content) .... de son travail.

3 Cette petite fille est (fatigant) ....

4 Cette fête est (génial) ....

5 Cette élève est (motivé) ....

6 Sa mère est (sévère) ....

7 Victoire est (heureux) .... d'organiser une fête.

8 Ma prof est (exigeant) ....

4 Conjugue les verbes entre parenthèses au présent de l'indicatif.

Elle (entendre) ....._entend_..... le bébé.

1 Le prof (interrompre) .... le cours.

2 Nous (compter) .... sur nos amis.

3 Je (prendre) .... mon temps pour étudier ma leçon.

4 Les copines (sortir) .... tous les samedis soirs.

5 Elle (faire) .... ses exercices.

6 Tu te (remettre) .... à jouer.

7 Nous (faire) .... une photo.

8 Vous (entendre) .... les cris du bébé.

Chapitre 2

Tout va mal

▶ 3 À la sortie de l'interro de maths, Margot sait déjà qu'elle va avoir une mauvaise note★.

Clara ne lui parle presque pas. Elle est furieuse contre elle parce qu'elle n'est pas sûre de passer la soirée de samedi avec Margot.

Margot se sent triste. Elle va arriver chez elle et s'asseoir devant son piano. Elle n'a pas envie : elle aimerait se faire un bon goûter★ et regarder une petite série à la télé. Voilà ce qu'elle pense en ouvrant la porte de son appartement. Mais, dès qu'elle pose son sac dans l'entrée, sa mère l'appelle :

– Margot, viens, je suis dans la cuisine.

Sa mère est rentrée du travail et boit un thé : elle est assise à la table de la cuisine et elle n'a pas l'air de bonne humeur.

– Bonjour maman ! Ça va ?

– Margot, que se passe-t-il ?

– Rien. Ça va.

la note appréciation donnée par le professeur

le goûter repas léger entre le déjeuner et le dîner

– Tu es sûre ?

– Heu… oui…

– Non, Margot, j'ai reçu un appel de Monsieur Baquet.

– Ah… pourquoi ?

– Pourquoi ? Tu n'as pas assez étudié tes morceaux ! Il m'a signalé ton manque de travail ces derniers temps.

– Oui… mais j'ai trop de choses en ce moment, tu comprends ?

– Oui je comprends, mais tu es sérieuse et intelligente, tu peux tout faire, je le sais.

– Peut-être…

– Et comment s'est passée ton interro de maths ?

Aïe, la réponse ne va pas plaire* à sa mère. Margot ne sait pas comment répondre, mais à son expression sa mère comprend :

– Ça s'est mal passé. J'ai compris !

– Mais maman…

– Ne cherche pas d'excuses ! Si tu ne travailles pas, ça ne fonctionne pas.

plaire aimer

La mère de Margot est vraiment mécontente.

« Comment demander maintenant l'autorisation de sortir samedi ? C'est impossible » pense Margot.

– Maman, j'ai oublié de te dire... Victoire organise une soirée chez elle demain soir. Il y a toute la classe, c'est pour fêter...

– Fêter quoi ? Ton manque de travail ?!

– Mais... s'il te plaît... c'est une fête avant de commencer les révisions...

– Tu devrais déjà avoir commencé à réviser. C'est tout vu et c'est non, tu ne sortiras pas samedi !

Margot se dirige vers sa chambre triste et en colère en même temps. Elle se sent idiote de ne pas avoir assez révisé ses maths. Pour se consoler, elle téléphone à Clara :

– Salut Clara, ça va ?

– Coucou !

– Que fais-tu ?

– Oh ! Je suis encore à la maison avec mon frère. Ma mère arrive bientôt. Je suis en train d'essayer des robes pour demain soir.

– Oh super !

Margot essaie★ d'être enthousiaste :

– Quelle robe tu as choisi ?

– Je voudrais mettre ma robe courte rouge et noire ou alors mon jean slim avec le nouveau tee-shirt que j'ai acheté mercredi. Qu'est-ce que tu en penses ?

– Je ne sais pas. Je n'ai pas vu ton nouveau tee-shirt.

– C'est vrai, tu n'es pas venue avec moi mercredi faire du shopping.

– Je ne pouvais pas, s'excuse Margot.

– Tu ne peux jamais ! Tu joues tout le temps du piano !

– C'est un reproche ?

– Oui ! Tu n'es jamais disponible. Et au fait, est-ce que tu viens demain ?

– Euh…

– Tu vois ! Tu n'es jamais disponible. Bon, je te laisse, je vais m'occuper de Félix.

– Clara…

Mais, Clara a raccroché★. Margot se sent encore plus triste et déprimée qu'avant.

---

essayer faire une tentative

raccrocher interrompre la communication

La journée du samedi passe très lentement. Margot est seule, elle se met à son piano et s'entraîne. Vers 19 heures, elle pense à tous ses copains de classe qui doivent aller chez Victoire. Elle a envie de pleurer.

Margot se couche tôt pour oublier. Mais tout à coup, son portable sonne. C'est Clara ! Derrière la voix de son amie, Margot entend du bruit et de la musique.

– Oh Margot, tu nous manques. Cette fête est géniale !

– J'imagine…

– Non, tu ne peux pas imaginer… Il y a les « Déterminales » qui jouent en direct.

– Quel groupe ?

– Le groupe de Lucien, de la Terminale S ! Tu connais !

– Je ne crois pas.

En réalité, Margot connaît un peu les garçons de ce groupe de rock, mais elle les trouve antipathiques. Et elle n'a pas envie d'entendre son amie qui s'amuse* pendant qu'elle s'ennuie.

s'amuser se divertir

– J'ai une idée, dit Clara. Je te rappelle en Facetime.

Margot n'a pas le temps de répondre : le visage de Clara apparaît sur l'écran de son portable.

– Coucou ! C'est moi. Tu vois je porte mon nouveau tee-shirt.

– Oui, je vois.

– Écoute ! Tu entends la musique ?

En effet, Margot entend de la musique… cette musique lui plaît.

– Alors tu aimes ? demande Clara.

– Oh… oui c'est bien...

Clara et Victoire filment le concert. Margot participe presque à la fête ! Elle remercie ses amies : grâce à elles, elle a passé une soirée moins triste que prévue. Mais, surtout Margot est heureuse d'être réconciliée avec Clara.

Margot passe la journée du dimanche à travailler ses morceaux de piano. Le plus complexe, c'est l'impromptu n°4 de Schubert. Il est rapide et difficile. Elle passe plusieurs heures sur son clavier, mais elle reste insatisfaite.

Compréhension

1 **Coche la bonne réponse.**

L'interro de maths
- **a** ☐ s'est très bien passée.
- **b** ☒ s'est mal passé.
- **c** ☐ a été annulée.

1 Clara est furieuse parce que
- **a** ☐ Margot ne vient pas samedi soir.
- **b** ☐ elle n'a pas réussi le contrôle de maths.
- **c** ☐ Margot vient samedi soir.

2 La mère de Margot est
- **a** ☐ tranquille.
- **b** ☐ en colère.
- **c** ☐ de bonne humeur.

3 Clara reproche à Margot
- **a** ☐ d'avoir une autre amie.
- **b** ☐ de sortir le mercredi après-midi.
- **c** ☐ de ne pas être disponible.

4 Samedi soir, Margot
- **a** ☐ est seule chez elle.
- **b** ☐ est invitée chez sa cousine.
- **c** ☐ va au cinéma.

5 Grâce à l'appel en Facetime
- **a** ☐ Lucien rencontre Clara.
- **b** ☐ la fête est réussie.
- **c** ☐ Margot passe une bonne soirée.

Vocabulaire

2 **Complète la grille de mots croisés.**

Grammaire

3 **Transforme les phrases au passé composé.**

Tu étudies beaucoup.
Tu as beaucoup étudié.

1 Elle téléphone à son amie.

....

2 Ils arrivent à midi.

....

3 J'entends la musique.

....

4 Nous participons au concert.

....

5 Vous passez une bonne soirée.

....

6 Elle joue du piano toute la journée.

....

4 **Conjugue les verbes entre parenthèses au présent de l'indicatif.**

Elle (pouvoir) ....*peut*........ sortir avec ses amis.

1 Vous (vouloir) .... participer à la fête.

2 Tu (devoir) .... étudier ton morceau.

3 Ils (pouvoir) .... téléphoner en Facetime.

4 Je (vouloir) .... acheter une nouvelle robe.

5 Nous (devoir) .... parler aux professeurs.

6 Elle (pouvoir) .... discuter avec toi.

Chapitre 3

Lucien

▶ 4 Dans la cour du lycée, le lundi matin, Margot retrouve Clara, Victoire et toutes les copines de la classe. Tout le monde parle de la soirée de Victoire : « C'était la meilleure fête de l'année ! »

Margot se sent exclue car elle n'a aucun souvenir à partager avec les autres. Lucien et les garçons de Terminale arrivent. Les lycéens bavardent avant de rentrer en cours. Clara présente Margot à Lucien.

– Margot, voici Lucien. Il joue dans le groupe.

– Salut ! dit Lucien.

– Bravo pour le concert, répond simplement Margot.

– Merci. Mais tu n'étais pas à la soirée, je m'en souviendrais*.

– Non, en effet, mes parents m'ont int… enfin, j'avais autre chose à faire.

– Clara m'a dit que tu joues du piano.

Margot lance un regard de colère vers Clara :

se souvenir avoir en mémoire

30

« Pourquoi elle raconte ma vie ? »

– Pourquoi elle a dit ça ?

– Tu vas jouer au concert de la fête de la musique. Moi aussi !

– Ah !

– Tu joueras quoi ?

– Oh… du classique. Une valse de Chopin, une sonate de Beethoven, un prélude de Schubert…

– Tu joues du Schubert ! s'exclame Lucien avec admiration. J'adore le classique.

– C'est vrai ? Moi, j'en ai un peu marre*.

– Avant, j'en jouais beaucoup et puis maintenant, je joue du jazz et du rock !

– Tu joues du piano ?

– Oui, mais j'ai aussi appris d'autres instruments : la guitare, la batterie. La musique quoi !… Mais, Margot ?

– Quoi ?

Lucien regarde la jeune fille sans rien dire pendant quelques secondes. Puis, il commence :

– Tu ne te rappelles pas de moi ?

– Euh… non …

en avoir marre ne plus supporter quelque chose

Margot rougit*. Lucien regarde la jeune fille avec un beau sourire et dit :

– Dès que* je t'ai vue, je t'ai reconnue. On était ensemble au cours de piano de Madame Eto.

– Madame Eto ! La prof de piano japonaise ! Elle organisait toujours des petits concerts.

– Oui, c'est ça. Et une fois, on a joué ensemble un quatre mains !

– Mais oui ! Bien sûr ! Oh là là c'est fou !

– Le garçon qui devait jouer avec moi était malade et au dernier moment tu l'avais remplacé.

– Je m'en souviens très bien : j'avais eu très peur, mais au final on avait bien joué !

Clara arrive et interrompt la conversation.

– Ça va ? Vous faites connaissance ?

– En fait, on se connaît déjà !

Et Margot raconte leur première rencontre.

– J'ai du flair* ! Vous allez bien ensemble, dit Clara avec un petit sourire malicieux.

Margot se sent encore plus rouge que tout à l'heure. Heureusement, la sonnerie du lycée retentit. Avant de se séparer, Lucien dit à Margot :

---

rougir devenir rouge à cause de l'émotion

dès que à peine

avoir du flair avoir de l'intuition

– En tous cas, moi j'ai hâte* de t'entendre jouer au concert du conservatoire. Si tu m'invites bien sûr.

Margot n'a pas le temps de répondre. Tous les élèves rejoignent leur salle de cours.

La matinée commence par le cours de français. La prof, Madame Atride, explique les modalités de l'examen blanc :

– Ce sera comme pendant la véritable épreuve. Tout d'abord, la semaine prochaine, vous aurez l'épreuve écrite. Ensuite, je vous ferai passer les oraux. Pour l'écrit, je vous rappelle que vous aurez des extraits de textes littéraires à lire : vous devrez répondre à des questions avant de rédiger un texte à votre tour. Pour ce travail d'écriture : soit vous faites un commentaire de texte soit vous écrivez une dissertation. Vous pouvez aussi choisir d'écrire un texte de votre invention. En ce qui concerne l'oral, l'examinateur vous donnera un texte à lire. Vous disposerez de 30 minutes pour vous préparer et de 10 minutes pour faire votre compte

avoir hâte être pressé

rendu. Vous répondrez ensuite aux questions de l'examinateur pendant les 10 dernières minutes. Je vous conseille donc de réviser les textes classiques pour la prochaine fois.

Quand Margot sort du lycée Chaptal, Boulevard des Batignolles, elle est un peu inquiète des examens qui arrivent. La jeune fille marche et passe Place de Clichy devant la librairie de Paris. Elle s'arrête devant la vitrine : tous les ouvrages du programme de français sont exposés. Elle sait que son sujet du bac est par là. Tout à coup, la jeune fille reprend confiance. Finalement, elle est heureuse de relire les auteurs classiques qu'elle aime.

Le soir sur Messenger, Margot reçoit un message de Lucien : « Alors ? J'espère que tu travailles tes morceaux pour le concert ? »

Margot ne veut pas répondre. Elle a honte de ses interprétations et en plus, ce soir elle n'a fait que réviser son français. Mais, Lucien insiste : « Alors ? ».

« Je ne suis pas certaine de participer ».

« Impossible ! Pourquoi ? »

« Entre le bac français et tout le reste je ne suis pas prête du tout. »

« Je suis certain que tu vas assurer* ! Tu dois avoir confiance ! »

« Mais, tu ne sais même pas comment je joue. Arrête d'insister !

« Je te rappelle qu'on a déjà joué ensemble… Je sais ce que je dis. Donc lance-toi ! Tu dois sentir les vibrations et les émotions. J'ai confiance ! »

« Merci, bonne nuit. »

Lorsque Margot pose son portable, elle sent son cœur qui bat fort. Les mots de Lucien sonnent encore dans ses oreilles. « Il a raison, j'aime la musique et les émotions qu'elle procure. » ■

assurer être à la hauteur

Compréhension

1 **Réponds aux questions.**

Pourquoi Margot se sent-elle exclue ?
Parce qu'elle n'a aucun souvenir à partager avec les
copains sur la fête.

1 Qui est Lucien ?

....

2 Que va jouer Margot pour la fête de la musique ?

....

3 Quelle genre de musique joue Lucien ?

....

4 Quels instruments joue Lucien ?

....

5 Comment se sont connus Lucien et Margot ?

....

6 Quel morceau ont-ils joué ensemble ?

....

2 **Remets les phrases dans l'ordre chronologique.**

☐ Elle veut arrêter.

☐ Margot pose son portable et a le cœur qui bat.

[7] La prof de français explique les modalités de l'examen du bac blanc de français.

☐ Margot est inquiète quand elle sort du lycée à cause de l'examen qui arrive.

☐ Lucien envoie des messages à Margot pour l'encourager à s'entrainer.

☐ Lucien insiste et a confiance en elle.

☐ Mais, Margot retrouve confiance car elle aime le français et les auteurs classiques.

☐ Margot ne se sent pas prête.

Vocabulaire

3 **Écris le nom des instruments sous chaque photo.**

> la harpe • le piano • le violon • la guitare • la batterie
> la basse • le saxophone • la trompette

1 ....
....

2 ....
....

3 ....
....

4 ....
....

5 ....
....

6 ....
....

7 ....
....

8 ....
....

Production écrite Delf

4 **Margot se souvient de sa première rencontre avec Lucien. Rédige un petit texte en employant les mots donnés.**

> professeur de piano japonaise • école
> morceau difficile • quatre mains • peur

Chapitre 4

Musique en tête

▶ 5 Margot est assise devant le piano du conservatoire. Elle n'a pas joué comme ça depuis longtemps. Le travail de ces dernières semaines a porté ses fruits. Ses doigts sont agiles et réussissent à interpréter les phrases musicales répétitives si rapides et si fatigantes d'habitude. Les cascades musicales s'enchaînent dans le bon rythme. Finalement, Margot tient l'impromptu n°4 de Schubert jusqu'à la dernière note ! Elle est heureuse. Un silence suit. Soudain, une voix derrière elle dit :

– Bravo Margot.

– Merci.

– En tant que* professeur de musique, je pourrais toujours trouver des choses à te dire pour améliorer* ton travail, mais j'ai entendu une musique qui vient de toi. Tu t'es exprimée à travers la musique. Je sais depuis longtemps que tu es une vraie artiste et je viens d'en avoir la preuve.

en tant que comme   **améliorer** faire mieux

– Merci.

– Je suis sincère et tu sais que je suis sévère. C'est moi qui te remercie pour ton interprétation. Maintenant, j'espère que tu joueras aussi bien pour le concert.

Margot sort émue★ du conservatoire. Elle rallume son portable et lit un message de Lucien.

« Salut ! Tu viens ce soir à notre répét★ ! On t'attend ! »

C'est vrai… elle a accepté d'assister à la répétition du groupe. Si elle reste juste★ une heure, ses parents ne diront rien. Elle téléphone rapidement à sa mère pour la prévenir. Elle doit se dépêcher★ car les « Déterminales » répètent dans une cave dans le quartier de Belleville. Margot prend le métro ligne 2. À cette heure-ci, il y a tous les travailleurs★ qui rentrent chez eux. Les gens ont le visage fermé et ont l'air fatigué. Margot pense à cette phrase « Métro-Boulot-Dodo » et espère de tout son cœur que plus tard elle sera libre de faire un métier qui lui plaît vraiment. Ce

émouvoir produire une forte impression
répét abréviation pour dire répétition

juste seulement
se dépêcher aller vite
les travailleurs les personnes qui travaillent

soir, la jeune fille est pleine de musique et se sent vivre. Elle est heureuse.

Margot est dans le métro. Elle aime bien la partie aérienne de la ligne 2. C'est agréable de voir la ville d'en haut. La jeune fille descend à la station Belleville. C'est un quartier très animé : des vendeurs de rues chinois vendent des spécialités culinaires, une foule cosmopolite se presse dans les rues. Margot retrouve Lucien et sa bande de musiciens dans un studio de répétition de la rue Denoyez. Thomas, le chanteur, alterne les textes en anglais et en français et il joue de la guitare. Lucien est guitariste, mais aussi bassiste. Greg joue du clavier. Enfin, Walid joue de la batterie. On voit tout de suite que ces garçons sont de bons copains. On sent une harmonie et une belle amitié entre eux. Les instruments se répondent et chaque musicien laisse la place aux autres pour s'exprimer. En les observant, Margot ne se souvient plus pourquoi elle les trouvait prétentieux avant… Elle écoute et elle doit avouer* qu'elle aime bien ce qu'ils font. Elle se sent même

avouer dire la vérité

privilégiée d'assister à leur travail. Les morceaux s'enchaînent. Les musiciens s'arrêtent, discutent, font des propositions. Ils essaient à chaque fois d'améliorer leurs morceaux.

Les amis rient aussi beaucoup et interpellent Margot, leur spectatrice :

– Alors Margot, que penses-tu de ces accords ? demande Lucien. Moi, je ne trouve pas ça génial…

La jeune fille n'ose pas prendre position. Elle ne connaît pas assez bien ces garçons. Et c'est gênant* de critiquer le travail de création des autres…

Tout à coup, Margot regarde sa montre : 19 heures ! Oh là là ! Il faut qu'elle rentre. Elle est déjà en retard. Sa mère ne va pas être contente du tout. Margot s'excuse :

– Je suis désolée Lucien, je dois vraiment partir. Mes parents m'attendent !

– Je comprends. Mais, tu ne voudrais pas jouer avec nous, juste un morceau ?

– Mais, je joue du classique moi.

– Tu pourrais improviser* du classique avec notre rock. D'autres artistes ont déjà fait ça.

gênant embarrassant

improviser produire un morceau de musique sans préparation

– Peut-être, mais je ne sais pas improviser. Je suis désolée et en plus je dois vraiment rentrer.

– D'accord ! Alors à plus.

– Oui, à bientôt. Salut !

Margot sort. Dans la rue, elle se sent légère et portée par toute la musique qu'elle vient d'entendre. Les morceaux résonnent dans sa tête. Elle a envie de danser et de chanter aussi. Mais surtout, elle a envie de s'asseoir devant son clavier !

Margot passe les semaines suivantes de manière très studieuse. Elle réussit à réviser correctement le bac français et à travailler ses morceaux de musique. Son professeur est d'ailleurs très satisfait. Le mois de juin est chaud et ensoleillé cette année à Paris. C'est rare ! Margot déteste le printemps dans la capitale parce que le ciel est tout le temps gris et qu'il fait froid. Elle ne peut jamais mettre ses petites robes d'été… Mais cette année, le temps est particulièrement beau.

Les semaines se ressemblent : lycée, copains, discussions avec Clara, devoirs, révision du français et piano. Le concert approche aussi. Margot n'a plus revu Lucien. Les amis se sont échangés quelques messages : Lucien l'encourage à chaque fois. Il écrit : « Joue ! Joue ! J'ai hâte de t'entendre ! »

Il lui donne aussi des conseils sur l'interprétation de la musique et il lui fait découvrir des musiciens de jazz. Il l'a invitée à aller écouter des concerts, mais Margot a refusé : elle n'a pas le temps et ses parents ne voudront jamais, Margot le sait. ■

Compréhension

1 Vrai ou faux ? Coche les bonnes réponses et justifie tes réponses.

Aujourd'hui, le cours de piano se passe bien. ....*V*....
Justification: *Le travail de ces dernières semaines a porté ses fruits.*

1 Margot est stressée en sortant du conservatoire. ....
Justification: ....

2 Le professeur de musique n'a jamais rien à dire. ....
Justification: ....

3 Monsieur Baquet est sévère. ....
Justification: ....

4 Lucien téléphone à Margot. ....
Justification: ....

5 Margot retrouve Lucien en bus. ....
Justification: ....

6 Le quartier de Belleville est calme. ....
Justification: ....

7 Les amis répètent dans un appartement. ....
Justification: ....

2 Coche la bonne réponse.

1 Que signifie l'expression « porter ses fruits » ?
  a Apporter des fruits à un goûter.
  b Produire des résultats intéressants.
  c Produire des fruits dans son jardin.

2 Que signifie l'expression « Métro-Boulot-Dodo » ?
  a La répétition du quotidien monotone des parisiens.
  b Aller au travail et dormir dans le métro.
  c Beaucoup travailler.

3 Forme des phrases.

1 ☐ Thomas, le chanteur,

2 ☐ On sent une harmonie

3 ☐ Margot se sent

4 ☐ Les musiciens essaient à chaque fois

5 ☐ Les garçons demandent

6 ☐ Il est 19 heures,

a privilégiée d'assister à leur travail.

b d'améliorer leurs morceaux.

c à Margot son avis.

d alterne les textes en anglais et en français et il joue de la guitare.

e Margot est en retard.

f et une belle amitié entre eux.

Vocabulaire

4 Associe chaque mot à sa définition.

1 ☐ le train   4 ☐ le vélo   7 ☐ le bateau
2 ☐ le métro   5 ☐ le scooter   8 ☐ la voiture
3 ☐ le bus   6 ☐ l'avion

a Moyen de transport qui circule dans les airs

b Moyen de transport routier qui peut accueillir plusieurs dizaines de passagers

c Véhicule à deux roues qui permet de se déplacer à la force de ses muscles

d Véhicule à deux roues qui permet de se déplacer grâce à l'action d'un moteur

e Véhicule à quatre roues qui permet de se déplacer sur les routes

f Moyen de locomotion qui permet de se déplacer sur l'eau

g Réseau de lignes de chemin de fer souvent souterrain qui relie différents quartiers dans une grande ville

h Moyen de transport ferré qui permet le transport de personnes d'une ville à une autre

Chapitre 5

Le concert

▶ 6 La foule se presse pour entrer dans la cour du conservatoire. Margot est assise sur le côté de la scène avec les autres élèves qui jouent aussi aujourd'hui. Le directeur du conservatoire de musique fait un bref discours :

– Bonjour à tous et bienvenus. Nous sommes réunis pour fêter la musique en ce 21 juin ! Aujourd'hui, vous aurez la chance d'entendre nos élèves : les professeurs et les enfants ont bien travaillé toute l'année et nous sommes fiers de vous inviter à les écouter. Et maintenant, place à la musique et aux artistes ! Que le spectacle commence !

Les premiers musiciens s'installent. Les spectateurs entendent des morceaux de guitare, de violon et même de harpe. C'est bientôt au tour de Margot : elle a les mains moites* et le cœur qui bat fort. Dans la foule de spectateurs, elle aperçoit

moite humide sous l'effet de la transpiration

ses parents, Clara… et Lucien. Il lui fait un petit signe de la main pour l'encourager, mais la jeune fille n'arrive pas lui répondre. Elle a trop le trac⋆.

Elle s'assoit devant le clavier du piano à queue. Elle commence avec la valse de Chopin. Dès que ses doigts touchent le clavier, la musique jaillit⋆ : c'est clair, net, précis et en même temps plein d'émotion. À la fin de son interprétation, le public applaudit. Ensuite, Margot continue avec la sonate de Beethoven. La pianiste joue avec passion. Enfin, Schubert ! Margot réussit à interpréter l'impromptu avec son âme. C'est sublime. La pianiste est heureuse, elle se sent bien et elle est satisfaite.

Margot a terminé de jouer ses trois morceaux. Un silence de quelques secondes suit : on dirait que le public a besoin de se remettre de ses émotions. Enfin, Margot lève la tête et regarde les spectateurs. Tout le monde applaudit. Dans le public, Margot aperçoit sa mère qui essuie des larmes et Clara qui frappe des mains de toutes ses forces. Lucien

avoir le trac avoir peur avant d'entrer en scène

jaillir sortir avec impétuosité

n'applaudit pas : un sourire illumine son visage et il lui envoie un baiser. Monsieur Baquet est là : il lui fait un signe positif de la tête. Margot comprend qu'elle a réussi : elle a pris du plaisir et elle a donné du plaisir à ceux qui l'écoutaient.

La jeune fille descend de l'estrade et rejoint sa famille. Tout le monde l'embrasse. Un peu plus tard, Lucien s'approche et dit :

– Ce soir, on joue chez Greg et tu es invitée. Ce sera une belle fête !

– Mais, je dois demander l'autorisation à mes parents.

– Vas-y, je t'attends. Clara vient aussi ! ajoute Lucien.

Margot se dirige vers ses parents :

– Maman, papa, ce soir il y a une fête chez un copain…

Elle n'a pas le temps de terminer sa phrase. Sa mère répond tout de suite :

– Bien sûr Margot, tu peux t'amuser avec tes copains ! Tu as très bien travaillé, on est fiers de toi.

– Merci maman, merci papa !

Quand Margot et Clara arrivent chez Greg, elles retrouvent tous les copains du lycée. Les gens rient et font la fête. Enfin, le groupe de Lucien s'installe et commence à jouer. Cette fois, Margot vit la scène : elle n'est pas en Facetime, elle est présente et heureuse d'être là. Elle se comporte comme une fan : elle reste près des musiciens, danse et applaudit. Quelle fête !

Tout à coup, la guitare commence à jouer un morceau de Chopin. Margot le reconnaît tout de suite. Lucien appelle son amie :

– Margot, viens avec nous.

Le morceau classique se transforme et prend un rythme rock. C'est étonnant, mais ça donne bien !

– Margot, viens au piano. Joue ! Tu ne dois pas avoir peur. Tu verras la musique va sortir toute seule, même si c'est du rock et que tu ne connais pas bien.

Margot, si timide habituellement, se lance. Après quelques accords, Lucien s'assoit à côté d'elle et ses mains rejoignent celles de la jeune fille. Ils font un quatre mains ! Margot improvise et elle prend du plaisir. Les deux amis se regardent de temps en temps et rient. Ils sont en harmonie et se complètent à la perfection. Margot n'a jamais connu ça. Elle est tellement heureuse : son cœur bat et ses doigts s'expriment pour elle. Autour d'eux, les copains dansent. Quand ils s'arrêtent, tout le monde frappe des mains et demandent un bis.

La fête continue ainsi jusqu'à tard. Margot et Lucien dansent aussi avec les autres. Tout le monde est d'accord pour dire que c'est La fête de l'année. Dans quelques jours, tout le monde passera le bac : épreuve de français et les autres épreuves pour les Terminales, mais tout le monde est confiant.

Bientôt, il est l'heure de rentrer. Margot se dirige vers la porte pour partir, mais Lucien s'approche d'elle. Il prend le visage de la jeune fille dans ses mains, se penche vers elle et lui donne un baiser. ■

Compréhension

1 **Complète le résumé.**

> cœur • morceaux • baiser • concert • conservatoire
> groupe • fête • mains • public • heureuse
> piano à queue • improviser

C'est le jour du ....*concert*.........., le 21 juin. Margot est
assise devant le (**1**) .... dans la cour du
(**2**) ....
Avant de commencer à jouer ses (**3**) ...., elle
a les (**4**) .... moites et le (**5**) ....
qui bat. Elle réussit à interpréter tous les morceaux avec
beaucoup d'émotion. Le (**6**) .... applaudit.
Le soir, il y a une (**7**) .... chez un copain
du lycée. Tout le monde s'amuse et Margot est
(**8**) .... d'être présente cette fois. Le
(**9**) .... de Lucien joue de la musique et
invite la jeune fille à (**10**) .... avec eux. C'est
La fête de l'année.
En partant, Lucien donne un (**11**) .... à
Margot.

Grammaire

2 **Écris des phrases à l'impératif.**

Aller – tu à la fête
Vas à la fête !

1 Jouer – nous un morceau pour le concert

2 Venir – vous avec nous chez Greg

3 Applaudir – tu fort avec tes mains

4 Embrasser – tu la pianiste

5 Ne pas avoir – tu le trac

6 Appeler – nous nos copains

3 **Conjugue les verbes au présent de l'indicatif.**

Lucien (se pencher) pour embrasser Margot.
Lucien se penche pour embrasser Margot.

1 Nous (s'approcher) .... de l'estrade.

2 Vous (s'asseoir) .... sur la chaise.

3 Elle (s'installer) .... en face du piano.

4 Je (se diriger) .... vers la station de métro.

5 Tu (s'habiller) .... avec ton nouveau tee-shirt.

6 Ils (se lever) .... à 7 heures pour aller au lycée.

7 Elle (se promener) .... sur la place de Clichy.

8 Nous (se coucher) .... tard après la fête.

Production écrite Delf

4 **Margot est émue et heureuse le lendemain de la fête.**
Aide-la à écrire ses sentiments dans son journal intime.

Paris et les lieux de musique

À Paris, il y a au moins une centaine de salles de concerts, des plus petites aux plus grandes. Pour les artistes du monde entier, célèbres ou inconnus, jouer à Paris est incontournable.

Les deux Opéras

La capitale a deux opéras ! Le plus ancien est le **Palais Garnier** construit sous le règne de Napoléon III qui accueille son premier spectacle en 1875. **L'opéra Bastille** est inauguré en 1989 pendant les festivités du bicentenaire de la Révolution. C'est un des plus grands opéras du monde avec 2700 places. C'est un édifice très moderne, adapté aux nouvelles technologies.

58

La Philharmonie

Depuis 2015, Paris a un nouveau temple de la musique symphonique : la Philharmonie de Paris conçue par l'architecte Jean Nouvel. Les trois salles de concert sont dédiées à la musique classique mais aussi au Jazz et aux Musiques du Monde. La Grande salle peut accueillir 2400 spectateurs. Elle est réputée pour son acoustique exceptionnelle. Située dans le parc de la Villette, c'est aussi un lieu idéal pour faire une promenade ou visiter les expositions de la Cité de la musique.

La Cigale

La Cigale est classée monument historique depuis 1981. L'intérieur a été décoré par le designer Philippe Starck. C'est le rendez-vous des amateurs de Rock et de Pop. On y écoute des artistes et des groupes célèbres. Mais surtout, c'est à la Cigale que se produisent les groupes de rock encore peu connus qui deviendront les grandes stars de demain !

L'Olympia

L'Olympia est une salle de spectacle mythique. C'est le premier music-hall de Paris : il a été créé en 1893 par Joseph Oller, le fondateur du Moulin Rouge. Il accueille d'abord des cabarets, puis devient un cinéma dans les années 1930 jusqu'à la seconde Guerre Mondiale. Mais à partir des années 1950, il se transforme en salle de concert dédiée à la chanson et à la variété. Depuis, les plus grandes stars françaises et internationales se succèdent : Edith Piaf, Duke Ellington, les Rolling Stones, les Beatles, Jacques Brel, Jimmy Hendrix, Madonna, Wu Tang Klan, Umberto Tozzi, Nathalie Imbruglia....

Le lycée en France

Le lycée correspond aux trois dernières années de l'enseignement secondaire, c'est-à-dire aux classes de Seconde, Première et Terminale. Les élèves de lycée, les lycéens, sont des adolescents âgés de 15 à 17 ans.

Le lycée général

En classe de Seconde, les élèves suivent tous le même enseignement. Ils peuvent cependant choisir librement des options différentes. C'est en classe de Première que les élèves choisissent la série dans laquelle ils vont se spécialiser.

Il y a des classes de première littéraire. On peut choisir une première littéraire en langues anciennes (LV1), en langues vivantes (LV2) ou en arts (LV3).
Il y a aussi la première économique et sociale (ES) et les classes de première scientifique. En première scientifique, l'élève choisit de s'orienter vers les sciences et la vie de la Terre (SVT), c'est-à-dire la biologie, la géologie, l'astronomie, l'écologie ou les sciences de l'ingénieur (SI), mécanique et informatique électrique.

La classe de terminale

La classe de terminale est la dernière année du lycée. C'est à la fin de cette année scolaire que les élèves passent les épreuves du Baccalauréat.
Les terminales LV1 suivent un enseignement approfondi en philosophie, littérature et langues anciennes (latin et/ou grec). Les terminales LV2 apprennent trois langues vivantes et les LV3 se spécialisent dans un art parmi le cinéma, le théâtre, les arts plastiques, l'histoire de l'art ou les arts du cirque. Bien sûr les établissements ne proposent pas toujours toutes ces options artistiques et les adolescents doivent parfois changer de lycée pour pratiquer l'art de leur choix.

Les terminales ES étudient les mathématiques, l'économie et les sciences politiques et sociales comme le droit, l'histoire et la sociologie. Enfin les terminales S travaillent les mathématiques, la physique, la chimie, les sciences de la vie et de la terre et les sciences de l'ingénieur.

Faisons le point !

Compréhension

Coche les affirmations exactes.

1 ☐ Margot est lycéenne.
2 ☐ Elle habite à Paris.
3 ☐ Elle joue de la guitare.
4 ☐ Elle prend des cours de musique au lycée.
5 ☐ Elle prépare un concert pour la fête de fin d'année du lycée.
6 ☐ Elle est capable de jouer trois morceaux pour un concert.
7 ☐ Margot sort tous les samedis soir avec Clara.
8 ☐ Clara est l'amie de Margot.
9 ☐ Félix est le petit frère de Margot.
10 ☐ Margot va à la fête de Victoire.
11 ☐ Les « Déterminales » jouent en direct chez Victoire.
12 ☐ Margot trouve les garçons du groupe de rock antipathiques.
13 ☐ Lucien et Margot se sont connus à un cours de piano.
14 ☐ Margot doit passer le bac de français.
15 ☐ Lucien encourage Margot.
16 ☐ Margot aime faire des improvisations au piano.
17 ☐ Le jour du concert, Margot n'arrive pas à jouer.
18 ☐ Le soir, il y a une fête chez Greg.
19 ☐ Tout le monde danse à la fête.
20 ☐ Lucien embrasse Margot.

Contenus

//

Vocabulaire

La famille
Les vêtements
Les instruments de musique
Les moyens de transport
Les sentiments

Grammaire

Les adjectifs
Le passé composé
L'imparfait
Les structures interrogatives
L'impératif
Les verbes pronominaux

Lectures ELI Juniors